Diederichs Gelbe Reihe

Maike und Stephan Schuhmacher

Wenn die Wurzeln sich umarmen

Die Weisheit Afrikas

Diederichs Gelbe Reihe

FSC
Mix
Produktgruppe aus vorbildlich bewirtschafteten Wäldern und anderen kontrollierten Herkünften

Zert.-Nr. SGS-COC-1940
www.fsc.org
© 1996 Forest Stewardship Council

Verlagsgruppe Random House FSC-DEU-0100
Das für dieses Buch verwendete
FSC-zertifizierte Papier *EOS* liefert Salzer, St. Pölten.

Bibliografische Information der Deutschen Bibliothek

Die Deutsche Bibliothek verzeichnet diese Publikation in der Deutschen Nationalbibliografie; detaillierte bibliografische Daten sind im Internet unter http://dnb.ddb.de abrufbar.

Umschlaggestaltung: Weiss/Zembsch/Partner, Werkstatt/München
Satz: EDV-Fotosatz Huber / Verlagsservice G. Pfeifer, Germering
Druck und Bindung: Moravia Books s. r. o., Tschechien
Printed in Czech Republic

ISBN 978-3-7205-3067-5

VORWORT

Wenn wir Westeuropäer von »Weisheitslehren« sprechen, dann meinen wir damit vor allem Lehren aus den philosophischen oder religiösen Traditionen des Abendlandes oder den literarischen Traditionen des nahen, mittleren und fernen Ostens. Es sind dies zumeist Überlieferungen, die bereits seit Jahrtausenden auf »Schriften« basieren. Da die Kulturen Afrikas ihr Wissen bis in die Neuzeit hinein vor allem mündlich überliefert haben, hat das Abendland mit seiner Vorliebe für Bücher der Weisheit Afrikas bisher relativ wenig Beachtung geschenkt.

Doch wie der vorliegende Band aufzuzeigen versucht, lohnt es sich für den Weisheitssucher, den Blick auch auf den afrikanischen Kontinent zu richten, der in seinen so vielfältigen geografischen Regionen zwischen der Mittelmeerküste und dem Kap der Guten Hoffnung die unterschiedlichsten Kulturen mit ihren jeweils eigenen Weisheitsüberlieferungen hervorgebracht hat. Mit Blick auf diese Überlieferungen fällt auf, dass es in ihnen weniger als im Abendland und in der östlichen Weisheit um »metaphysische« Einsichten geht, sondern dass die Weisheit der afrikanischen Stammeskulturen ähnlich wie die der amerikanischen Indianer sehr »diesseitig« orientiert ist. Spiritualität äußert sich hier weniger als eine Überwindung der als verderbt oder als bloße Illusion verstandenen Welt, sondern als ein harmonisches Zusammenleben in der Gemeinschaft, als gelungene zwischenmenschliche Beziehungen in Familie und Stamm und als Achtung und Respekt gegenüber der sichtbaren Welt der Natur und der als unmittelbar gegenwärtig erlebten unsichtbaren Welt der Geister der Ahnen und der den Kosmos belebenden spirituellen Kräfte.

In den zumeist schriftlosen Stammeskulturen wurden die gesammelten Erfahrungen der »Ahnen« mündlich überliefert und dabei kam es der Memorierbarkeit der Inhalte natürlich entgegen, wenn diese möglichst knapp und punktgenau formuliert waren. So hat sich in Afrika eine besonders reichhaltige Kultur der Tradierung von Lebensweisheit in Sprichwörtern herausgebildet, von denen eines sagt: »Ein Sprichwort ist ein kurzer Satz, der auf lange Erfahrung gründet.« Die aus dieser langen Erfahrung herauskristallisierten Wahrheiten zu hören ist nicht immer angenehm, weshalb denn auch ein arabisches Sprichwort sagt: »Wer die Wahrheit spricht, sollte besser einen Fuß im Steigbügel haben«. Darum haben die weisen Alten, die diese Sprichwörter formuliert haben, ihre bittere Medizin oft in den Honig eines köstlichen Humors getaucht.

Es ist dieser »Witz« vieler afrikanischer Sentenzen, die sie so wohltuend von den in unseren Breiten gängigen Sprichwörtern unterscheidet. Wo letztere in der von Vorstellungen von Sünde und Schuld geprägten Kultur des Abendlandes eher moralisierend und mit »erhobenem Zeigefinger« daherkommen, sind die afrikanischen Sprüche oft von einer gelassenen Gutmütigkeit, die augenzwinkernd über die menschlichen und allzu menschlichen Torheiten zu lachen versteht.

Da, wie eine der in diesem Band zitierten weisen Frauen sagt, die Menschen in aller Welt im *Wesentlichen* mehr Gemeinsamkeiten als Unterschiede aufweisen, gibt es natürlich – wie im Bereich der Mythen und Märchen, die eine andere Form der Tradierung von Weisheit darstellen – auch bei den Spruchweisheiten weltweit manche Ähnlichkeiten. Doch weil unsere heimatlichen Sprichwörter durch langen Gebrauch abgenutzt erscheinen und wir die in ihnen enthaltene Weisheit oft nicht mehr hören und sie als Binsenweisheit abtun, mag uns die »etwas andere« Perspektive der afrikanischen Kulturen einen frischen und inspirierend neuen Zugang zu allgemeingültigen Einsichten in die Conditio humana eröffnen.

Maike & Stephan Schuhmacher

Weisheit ist wie der Baobab-Baum:
kein Einzelner kann sie umfangen.

Akan und Ewe

Wenn ein alter Mensch stirbt, so ist das,
als verbrenne eine Bibliothek.

Elfenbeinküste

Das Leben ist eine Botschaft – höre darauf!
Das Leben ist ein Glaube – vertraue darauf!
Das Leben ist ein Geschenk – nimm es an!
Das Leben ist Liebe – denke daran!
Das Leben ist ein Abenteuer – wage es!

Sotho

Die Liebe ist wie ein Garten:
Wenn man sie nicht pflegt, dann verkommt sie.

Arabisches Sprichwort

Echte Liebe und Freundschaft sind
wie heiße Holzkohle unter der Asche:
Kehrt man später dazu zurück,
braucht man sie nur ein wenig anzufachen
und das Feuer kehrt zurück.

Äthiopien

Wenn du einen Mann erziehst,
erziehst du ein Individuum.
Wenn du eine Frau erziehst,
dann erziehst du eine ganze Familie.

Fanti

Wollt Ihr das überlieferte Wissen bewahren
und es durch die Zeit reisen lassen,
dann vertraut es euren Kindern an.

Senegal

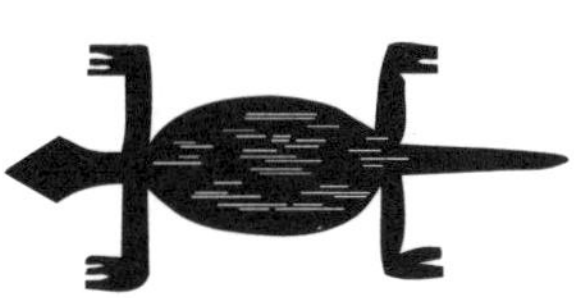

Es ist wie bei einem Baum.
Du musst in der Tradition wurzeln, aus der du kommst,
um, wenn nötig, deren Wunden zu heilen.
Dann kannst du von dort aus deine Zweige ausstrecken
und das Neue damit umfangen.

Sobonfu Somé

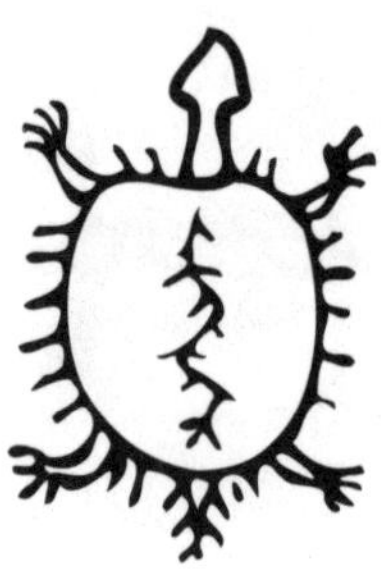

Ein Sprichwort ist ein kurzer Satz,
der sich auf lange Erfahrung gründet.

Afrikanische Weisheit

Wenn es nicht so viele Dummköpfe gäbe,
könnte man in Sprichwörtern kommunizieren.

Afrikanische Weisheit

Eine echte Gemeinschaft beginnt
in den Herzen ihrer Menschen.

Malidoma Somé

Der Ruin eines Volkes beginnt
in den Häusern seiner Familien.

Aschanti

Wir sind mehr oder weniger Funktion
des Teils der Erde,
in dem wir geboren werden.
Wollen wir mit einem anderen Teil der Erde
harmonischen Kontakt aufnehmen,
so brauchen wir dafür die »Billigung« unseres
Herkunftsortes.

Malidoma Somé

Die Toleranz ist eine Übung
und ein Sieg über sich selbst.

Albert Memmi

Wenn du mit einem Finger auf andere zeigst,
dann weisen drei Finger auf dich selbst zurück.

Nigeria

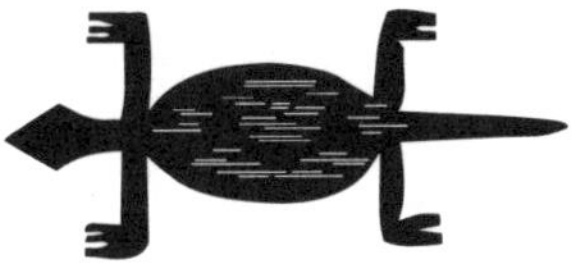

Von allen Dingen, die ein Mann braucht,
ist das Gefährlichste eine Frau.

Somali

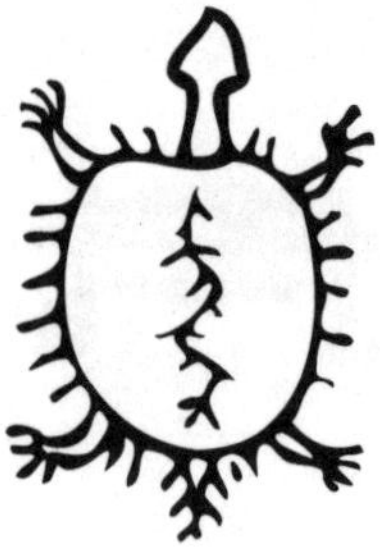

Wer eine Schönheit heiratet,
der heiratet Probleme.

Nigeria

Ein Ritual, das heißt, sein Herz sprechen lassen,
um ein Wesen aus der anderen Welt anzurufen oder
um ihm mitzuteilen, was einem widerfahren ist.

Sobonfu Somé

Wir sind die Menschen des Tanzes,
deren Füße Kraft gewinnen, wenn
sie die harte Erde stampfen.
Ich tanze, also bin ich.

Léopold Sédar Senghor

Wir tanzen von Sonnenaufgang bis Sonnenuntergang.
Wir tanzen von Sonnenuntergang bis Sonnenaufgang.
Wir tanzen im Frieden.
Wir tanzen im Krieg.
Wir tanzen während der Hungersnöte.
Wir tanzen inmitten der Epidemien.
Wir tanzten auf den Schiffen der »Ebenholzhändler«.
Wir tanzten auf den Baumwollfeldern.
Wir tanzten während der Apartheid.
Wir tanzten unter der Kolonialherrschaft.
Wir tanzen,
Und wir werden immer und überall fortfahren zu tanzen
bis an das Ende der Zeit.
Warum? Warum nur?
Warum immer der Tanz?
Weil das Tanzen für uns über bloßen Tanz hinausgeht.
Tanzen ist beten.
Tanzen heißt Gott verehren,
gleichzeitig in Gedanke, Wort und Tat.

Alphonse Tiérou

Das Herz des weisen Menschen ist still
wie klares Wasser.

Kamerun

Es gibt Dinge, die kannst du nicht mit Worten
ausdrücken, du kannst sie nur
in deinem Körper spüren.

Traditioneller afrikanischer Heiler

Worte sind wie Gewehrkugeln:
Einmal auf den Weg gebracht,
kannst du sie nicht mehr zurücknehmen.

Wolof

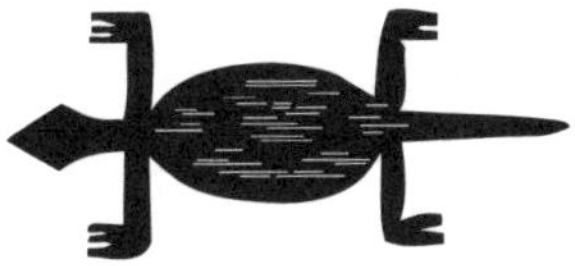

Fehler sind wie Berge: Man steht auf dem Gipfel seiner eigenen und redet über die der anderen.

Hausa

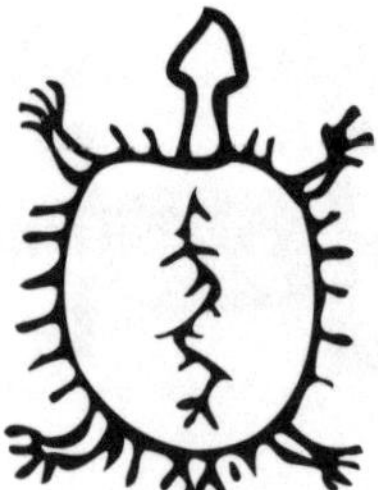

Die Rede deines Freundes mag dich schmerzen,
die Rede deines Feindes mag dir schmeicheln.

Tuareg

Auf dem Weg zu Deinem Freund
soll kein Gras wachsen.

Afrikanisches Sprichwort

Du weißt, wen du liebst, aber keiner weiß,
von wem er geliebt wird.

Yoruba

Ein intelligenter Feind ist nützlicher
als ein dummer Freund.

Senegal

Das größte Leiden ist nicht die Angst vor dem Tod,
sondern die Angst vor dem Leben.

Nagib Mahfuz

Die Toten haben ein Recht auf Tränen.
Ein Geist, der nicht leidenschaftlich betrauert wird,
ist zornig und enttäuscht, als hätte man ihm das Recht
auf einen vollständigen Tod vorenthalten.
Millionen Tränen sind für eine Flut erforderlich,
die den Toten ins Reich der Ahnen spült.
Das Weinen zu unterdrücken wäre ein Unrecht an den
Toten.

Malidoma Somé

Menschen, die nicht miteinander weinen können,
können auch nicht miteinander lachen.

Afrikanische Weisheit

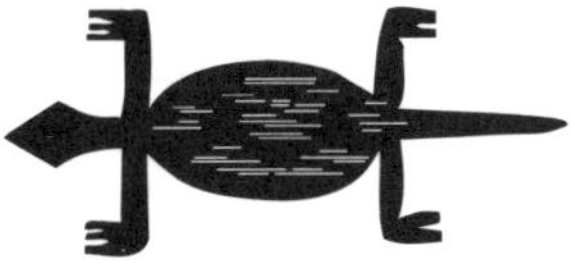

Glück widerfährt dir nicht –
Glück findet der, der danach sucht.

Marokko

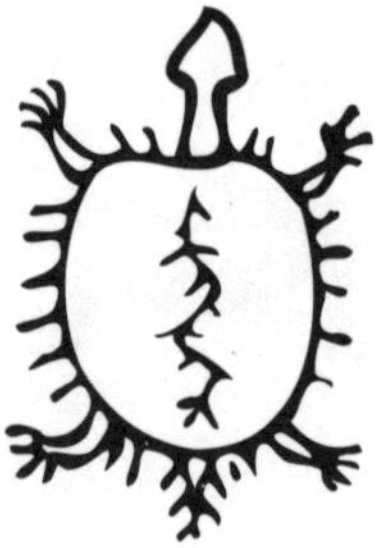

Glück ist eine Oase,
die zu erreichen nur träumenden Kamelen gelingt.

Beduinenweisheit

Ein Kamel macht sich nicht
über den Buckel eines anderen lustig.

Guinea

Der Rassismus ist die verallgemeinerte
und verabsolutierte Wertung tatsächlicher
oder fiktiver Unterschiede zum Nutzen des Anklägers
und zum Schaden seines Opfers, mit der seine
Privilegien oder seine Aggressionen gerechtfertigt
werden sollen.

Albert Memmi

Gehe ich vor dir, dann weiß ich nicht,
ob ich dich auf den richtigen Weg bringe.
Gehst du vor mir, dann weiß ich nicht,
ob du mich auf den richtigen Weg bringst.
Gehe ich neben dir, werden wir gemeinsam
den richtigen Weg finden.

Südafrika

Als Gott die Welt erschuf,
gab er den Europäern die Uhr,
den Afrikanern die Zeit.

Afrikanische Redensart

Alles fürchtet sich vor der Zeit,
aber die Zeit fürchtet sich vor den Pyramiden.

Ägypten

Freue dich nie, dass jemand weggeht,
ehe du nicht weißt, wer sein Nachfolger wird.

Afrikanisches Sprichwort

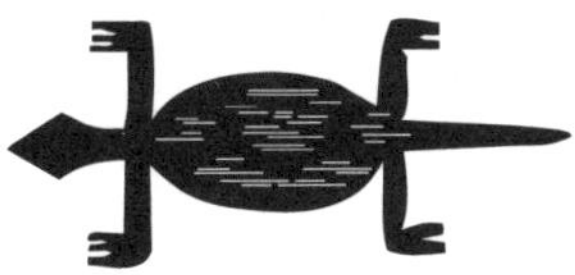

Wechselt der Trommelschlag,
wechselt der Tanz.

Hausa

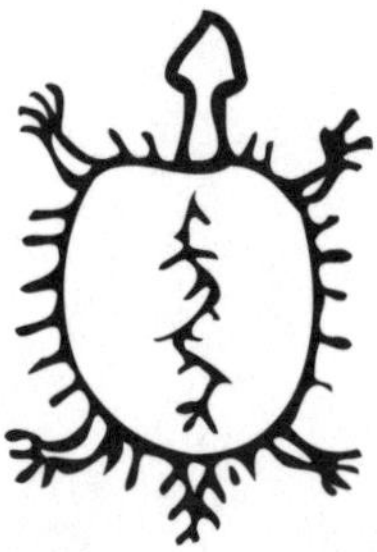

Du hast drei Freunde auf der Welt:
Mut, Verstand und Weisheit.

Afrikanisches Sprichwort

Der Rhythmus ist die Architektur des Seins,
ist die innere Dynamik, die ihm Form gibt,
ist das Wellensystem,
welches das Sein dem anderen entgegensendet,
ist der eine Ausdruck der Lebenskraft.

Léopold Sédar Senghor

Ob ein Mensch klug ist,
erkennt man an seinen Antworten.
Ob ein Mensch weise ist,
erkennt man an seinen Fragen.

Nagib Mahfuz

Höre nicht nur auf die Stimme der Lebewesen.
Lausche ebenso der Stimme der Dinge:
der Stimme des sich ausbreitenden Feuers,
dem Murmeln des Wassers,
dem Rauschen des Windes,
dem Schluchzen des Busches –
dann hörst du den Atem der Ahnen.

Diop Birago

Man liebt einen anderen nicht,
wenn man nichts von ihm annehmen kann.

Nigeria

Wer den anderen respektiert, der wird auch von ihm respektiert. Wer das Heilige im anderen leugnet, der leugnet es auch in sich selbst.

Raymond Johnson

Mit einem wilden Tier
lässt sich leichter Freundschaft halten
als mit einem Schwätzer.

Mauretanisches Sprichwort

Ein Mensch ohne Kultur
ist wie ein Zebra ohne Streifen.

Massai

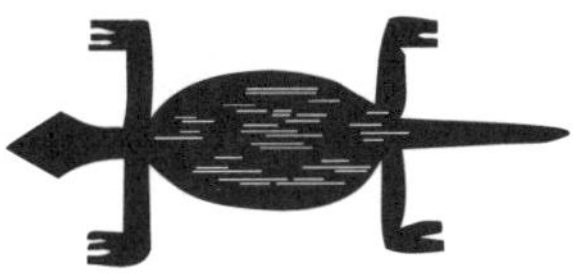

Unser Erster Vater, der Absolute, ging aus der Urfinsternis hervor. Er sah nicht die Finsternis, obwohl die Sonne noch nicht existierte. Er war erleuchtet durch den Widerschein seines inneren Selbst wie eine Sonne.

Aus dem Mbaya-Mythos

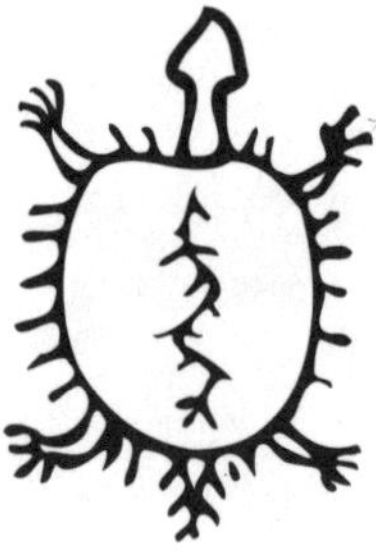

Mit seinem eigenen Atem hauchte das Höchste Wesen
dem Menschen den Geist ein.

Bantu

Gott schuf das Meer, wir das Schiff.
Gott schuf den Wind, wir die Segel.
Gott schuf die Windstille, wir die Ruder.

Senegal

Der Jäger, der einen Elefanten verfolgt,
bleibt nicht stehen, um Steine nach Vögeln zu werfen.

Uganda

Wenn du redest, muss deine Rede besser sein,
als es dein Schweigen gewesen wäre.

Arabisches Sprichwort

Wasser, um das man betteln musste,
löscht nicht gut den Durst.

Soga

Der Tanz ist keine Frage des Blutes,
sondern eine Frage der Kultur.
Die Afrikaner werden nicht
mit einem zusätzlichen Tanz-Chromosom geboren,
und der Tanz ist für sie nicht instinktiver
als für andere Völker.

Alphonse Tiérou

Wenn du hässlich bist,
musst du lernen zu tanzen.

Sambia

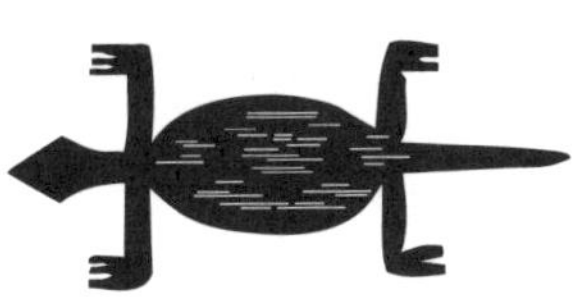

Das Universum besteht auf allen Ebenen aus
Schwingungen.
Bestimmte Realitäten, die wir unsichtbar nennen,
nehmen wir nur deshalb nicht wahr,
weil sie eine höhere Schwingungsfrequenz haben.

Amadou Hampaté Bâ

Der Narr redet, der Weise hört zu.

Äthiopien

Freundliche Worte sind leicht,
Freundschaft ist schwer.

Uganda

Derjenige, der schuldig ist,
hat am meisten zu sagen.

Aschanti

Wenn ein Esel dich tritt und du trittst zurück,
dann seid ihr beide Esel.

Gambia

Wenn im Wald die Äste miteinander streiten,
umarmen sich die Wurzeln.

Sprichwort aus Westafrika

Zwei Männer in einem brennenden Haus
fangen keinen Streit an.

Aschanti

Die Ehe ist eine Schule,
in der man niemals einen Abschluss macht.

Aschanti

Bei einem Beziehungskonflikt muss ein Paar
zuerst einmal von der Gerichtshof-Mentalität
Abstand nehmen.
Solange sie sich nur gegenseitig anklagen,
hat alles keinen Sinn.
Wie jeder Konflikt wird auch ein Beziehungskonflikt
in unserem Dorf als etwas Positives betrachtet,
als ein Vorgang, der ein stagniertes Verhältnis in
Bewegung bringt. Wenn zwei Menschen einen Konflikt
miteinander haben, erwarten wir,
dass die beiden schließlich beste Freunde werden.
Konflikt ist ein Entwicklungshelfer für Freundschaft.

Sobonfu Somé

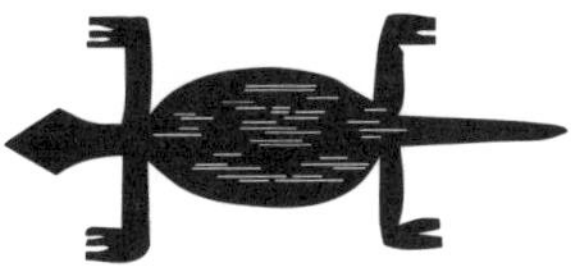

Wer die Menschen liebt,
hat immer eine große Familie.

Sprichwort aus Ägypten

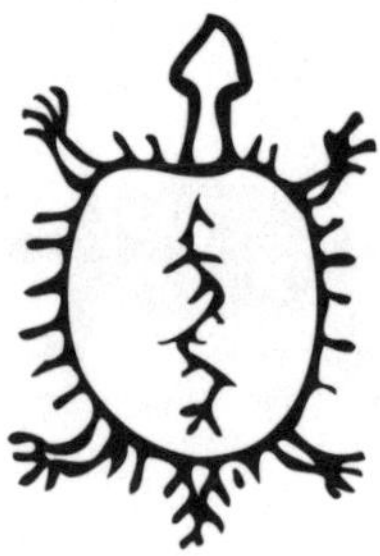

Wer seinen Gegner umarmt,
macht ihn bewegungsunfähig.

Tunesisches Sprichwort

Wo sich die Elefanten bekämpfen,
hat das Gras den Schaden.

Tansania

Junge Männer glauben,
dass alte Männer Narren sind.
Alte Männer wissen,
dass junge Männer Narren sind.

Afrikanische Spruchweisheit

Eine Warnung ist für den Weisen ein Segen,
für den Narren eine Beleidigung.

Suaheli

Eine einfältige Tochter lehrt ihre Mutter,
wie man ein Kind austrägt.

Äthiopien

Die Menschheit braucht einen neuen Mythos.
Dieser Mythos entsteht nicht aus einem einzigen Volk,
sondern aus dem Gespräch vieler Traditionen
und spiritueller Richtungen miteinander.
Die Verschiedenheit gehört zum alten Mythos.
Wir Menschen sind gar nicht so unterschiedlich.
Es gibt zwar die Einmaligkeit jeder spirituellen
Richtung, jedes Volkes, jedes einzelnen Menschen.
Aber dass wir uns so stark auf die Unterschiedlichkeit
konzentrieren, ist bereits ein alter Mythos,
auf den wir hereingefallen sind.
Bei aller Unterschiedlichkeit gibt es etwas,
das allen Traditionen gemeinsam ist: der Wunsch,
mit dem Heiligen in Kontakt zu kommen.
Darauf sollten wir setzen, nicht auf die Unterschiede.

Sobonfu Somé

Wenn du schnell gehen willst, geh allein.
Aber wenn du weit gehen willst, geh mit anderen.

Suaheli

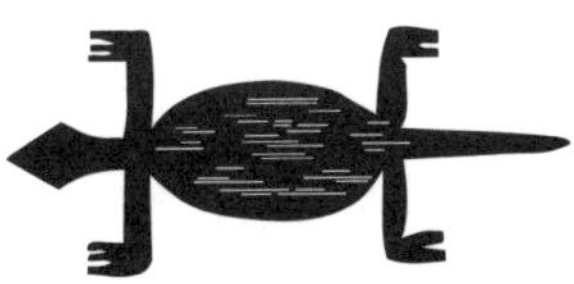

Das Gesicht des Menschen erkennst du bei Licht,
seinen Charakter im Dunkeln.

Simbabwe

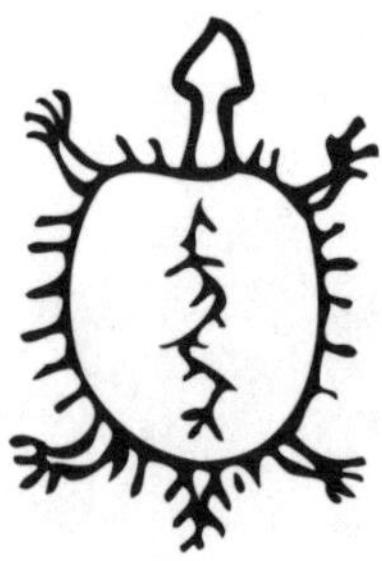

Es ist besser, das zu überschlafen,
was du zu tun beabsichtigst,
als dich von dem wach halten zu lassen,
was du getan hast.

Igbo

Ein Hügel, der nicht möchte,
dass man auf ihm herumtritt,
darf keine essbaren Pilze wachsen lassen.

Mende

Zu einem Hund, der Geld hat,
sagen die Leute »Herr Hund«.

Tunesien

Es gibt vierzig Arten von Wahnsinn,
aber nur eine Art von gesundem Menschenverstand.

Ghana

Aus der Sicht der Stammeskulturen lässt sich
die individuelle Seele nur heilen,
wenn der Einzelne seine Beziehung zu der sichtbaren Welt
der Natur und der Gemeinschaft
sowie zu den unsichtbaren Kräften
der Ahnen und der Geisthelfer klärt.

Malidoma Somé

Wir sollten etwas nicht vergessen:
Wenn eine Sache unsichtbar, ungreifbar und
auch sonst von den Sinnen nicht erfassbar ist,
heißt das noch lange nicht, dass sie nicht existiert.

Amadou Hampaté Bâ

Wer keine Wunder versteht,
der versteht auch keine langen Erklärungen.

Arabisches Sprichwort

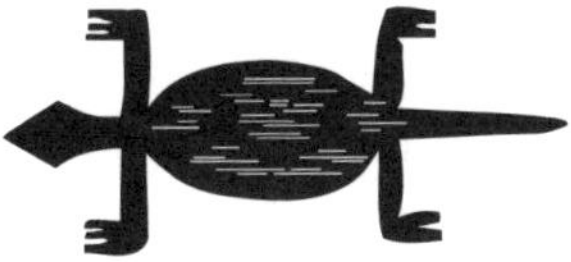

Es ist besser, mit drei Sprüngen zum Ziel zu kommen,
als sich mit einem das Bein zu brechen.

Mali

Stolz reicht nur so weit,
wie man spucken kann.

Kongo

Eine Fliege, die keinen Berater hat,
folgt dem Leichnam ins Grab.

Gambia

Man gibt einem Kind keine Anweisungen,
wenn es zurückkehrt,
sondern wenn es aufbricht.

Lamba

Ein Kind ist wie die Ranke einer Kalebasse:
Wenn man diese nicht von Zeit zu Zeit in die richtige Richtung leitet, wächst sie da, wo sie nicht soll.

Wolof

Wer in die Irre geht,
der lernt die Gegend kennen.

Tuareg

Tanzen heißt, sich mit Gott zu unterhalten
ohne Vermittler, wie ein Sohn oder eine Tochter
ganz vertraut mit Mutter oder Vater spricht.
Tanzen heißt, mit Gott zu kommunizieren.
Tanzen heißt, mit Gott eins zu werden.
Tanzen heißt, unsere Göttlichkeit
als Sohn oder Tochter Gottes
und nicht als Diener Gottes zu manifestieren.
Für uns ist der Tanz Gebet –
das schönste, das dem Menschen je
für sein Wohlbefinden offenbart wurde.
Und das Gebet bringt mehr Dinge hervor,
als die Welt sich erträumen kann.

Alphonse Tiérou

Wer nicht tanzen kann,
der sagt: »Der Trommler ist schlecht.«

Aschanti

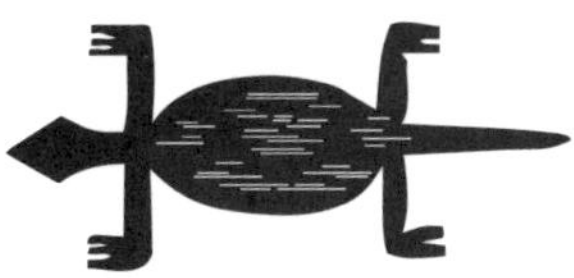

Wer seinen Hund liebt,
der muss auch seine Flöhe lieben.

Nigeria

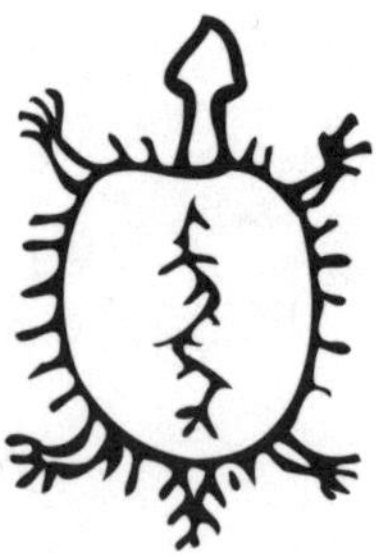

Klage nicht darüber, dass Gott den Tiger geschaffen hat,
sondern danke ihm,
dass er ihm keine Flügel gegeben hat.

Anhara

Es ist das Herz, das gibt;
die Hände geben nur her.

Zaire

Was aber ist die Wahrheit?
Sie ist das labile Gleichgewicht, das aus dem
Zusammenprall der Widersprüche entsteht.
Sie ist der weiße Schaum auf den Wellen.
Sie ist der Duft, der als Synthese aller Zutaten
aus dem köchelnden Topf aufsteigt.
Die Wahrheit ist keineswegs etwas Monolithisches.
Sie ist gegenseitige Bereicherung, die aus der
Anerkennung der Gegensätze entsteht.

Irénée Guilane Dioh

Das Auge sieht; der Geist versteht.

Ibuza

Der Dumme sucht auch dort nach Dung,
wo niemals Kühe gegrast haben.

Äthiopien

Der Adel einer Gesellschaft erweist sich eher durch ihre Spiritualität, durch ihre geistigen Schöpfungen und durch ihre Kunst als durch wirtschaftliche Errungenschaften.

Jacques Nanéma

Wer nicht weit gereist ist,
hält seine Mutter für die beste Köchin.

Ganda

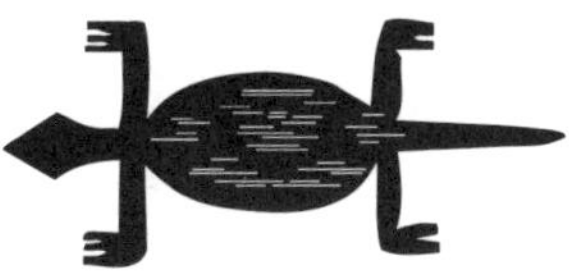

Wenn man sagt, der Mensch sei gespalten,
dann spricht man nicht nur von der Geteiltheit des menschlichen Geschlechts, sondern auch von jedem Individuum. Die Person, die im Bewusstsein dieser Getrenntheit des menschlichen Geschlechts lebt, weiß darum oder sollte darum wissen, dass sie selbst für das andere Geschlecht das Andere ist.

Albertine Tshibilondi Ngoyi

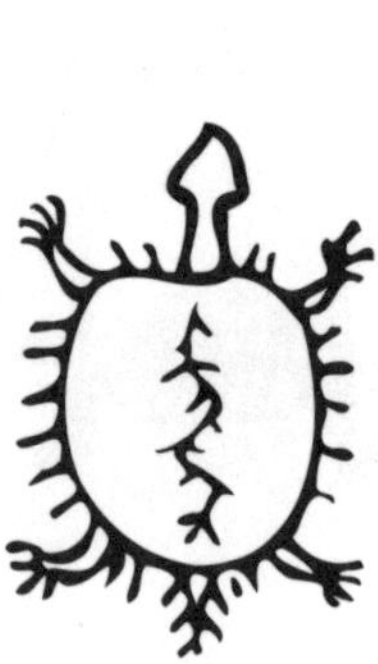

Liebe ist wie ein kleines Kind:
Man muss sanft damit umgehen.

Kongo

Wenn du den Anfang gut verstehst,
wird dir das Ende keine Schwierigkeiten machen.

Aschanti

Sage dem Mann, der dich trägt, nicht, dass er stinkt.

Sierra Leone

Zwei Wasserfälle hören einander nicht.

Gikuyu

Je kleiner die Eidechse,
umso größer ist ihre Hoffnung, ein Krokodil zu werden.

Äthiopien

Würde niemand Vergeltung üben,
dann würde das Übel eines Tages aus der Welt
verschwinden.

Nigeria

Die Schriften sind eine Fotografie des Wissens, aber sie sind nicht das Wissen selbst. Das Wissen ist ein Licht im Inneren des Menschen. Es ist das Erbe all dessen, was unsere Ahnen erkannt haben. Sie haben es uns als Same übermittelt, so wie die ganze Kraft des großen Baobab-Baumes bereits in seinem Samen enthalten ist.

Amadou Hampaté Bâ

Der Wind bricht keinen Baum ab,
der sich biegt.

Sukuma

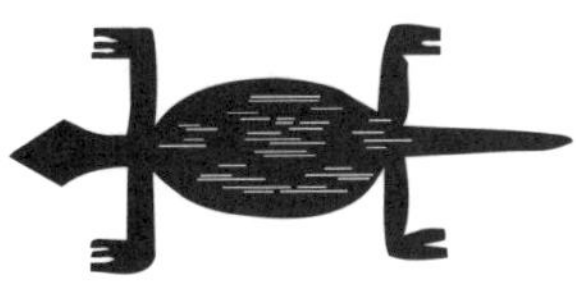

Bevor du einen Mann um Kleidung bittest,
schau dir die Kleider an, die er trägt.

Yoruba

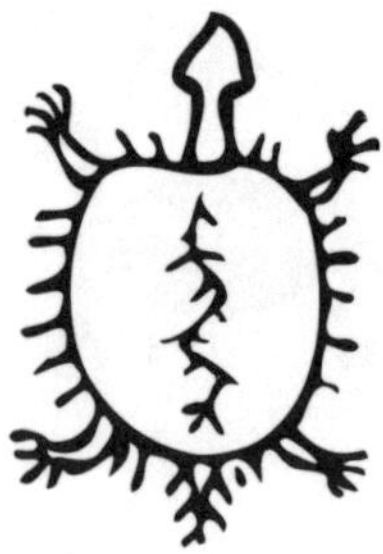

Mögen sie, die unter unseren Füßen wohnen,
den warmen Atem der Gemeinschaft in uns hauchen,
damit der Friede, den wir suchen, in unserem Körper
aufsteigt und sich auf den Stuhl des Herzens setzt,
um Lust und Liebe zu verbreiten.

Gebet von Konnbaterzié ›Dabre‹ Giunian

Ein Stück Brot, mit Herzlichkeit geteilt,
reicht aus, um hundert Menschen satt zu machen.

Ägypten

Die beste Medizin für den Menschen ist der Mensch.

Afrikanisches Sprichwort

Ein verbittertes Herz frisst seinen Besitzer auf.

Tswana

Das Zeitalter der Einzelschicksale ist vorüber.
In diesem Sinne ist tatsächlich für jeden Einzelnen
von uns das Ende der Welt gekommen,
denn heute kann niemand mehr leben,
der nur an seine eigene Erhaltung denkt.

Sheikh Hamidou Kane

Unsere Liebe ist wie ein Regenschleier,
der sanft fällt,
aber einen Strom zum Überfließen bringen kann.

Afrikanisches Sprichwort

Mehr als ein Speer
verursacht die Lüge Schmerzen.

Nigeria

Wer sich weigert zu gehorchen,
der kann auch nicht befehlen.

Kikuyu

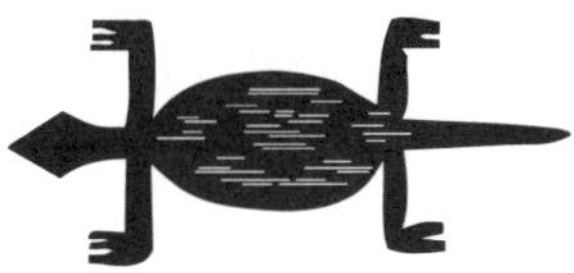

Wenn die Maus die Katze auslacht,
ist bestimmt ein Loch in der Nähe.

Nigeria

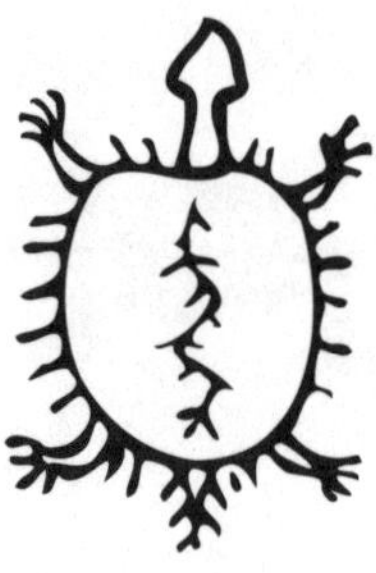

Ohr, höre die andere Seite der Frage,
ehe du entscheidest.

Yoruba

Wer zuletzt tanzt,
wird am meisten beachtet.

Afrikanisches Sprichwort

Die Erde, das spirituelle Heiligtum unseres Daseins,
ist der Mittelpunkt, in dem unser Menschsein wurzelt.

Malidoma Somé

Der wahre Arme ist in den afrikanischen Gesellschaften das Individuum, das keine Nachkommen hat. Der Geist der Familie und das Prinzip der Gegenseitigkeit gleichen auf dem Weg über das Netzwerk der sozialen Beziehungen die ökonomischen Engpässe aus.

Jean-Marc Éla

Geh deinen eigenen Weg
und schlag nicht den Pfad
eines anderen ein.

Ägypten

Fürchte den am meisten, der dir verwandt ist.

Afrikanisches Sprichwort

Geh mit deinem Ärger zu Bett,
dann wird dich am Morgen
keine Reue quälen.

Marokko

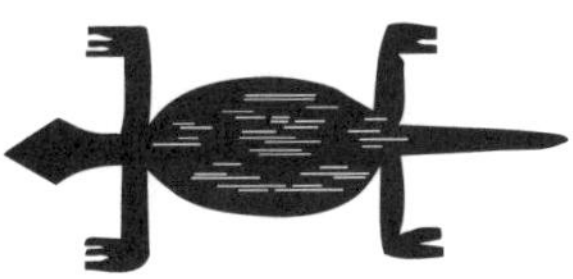

An der Seite von »Ich werde das tun«
stand »Noch nicht getan«.

Gikuyu

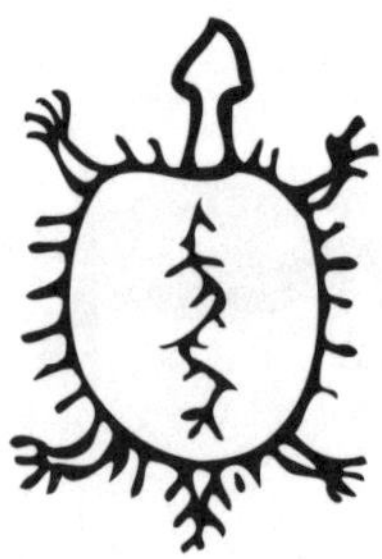

Der Vogel, der nicht fliegt,
weiß nicht,
wo reife Früchte sind.

Burundi

Ein Ritual wird immer dann erforderlich, wenn die Seele uns etwas sagen will, was der Körper als eine psychische Not, einen Mangel, ein Bedürfnis übersetzt: Wir treten also in ein Ritual ein, um auf den Ruf der Seele zu antworten.

Malidoma Somé

Freundschaft ist wie eine Spur, die im Sand
verschwindet,
wenn man sie nicht beständig erneuert.

Afrikanisches Sprichwort

Ein Verliebter betrachtet eine Blume
mit anderen Augen als ein Kamel.

Ägypten

Du musst nicht die Laterne eines anderen ausblasen,
damit deine eigene heller scheinen kann.

Suaheli

Fortschritt, also das, was man als Entwicklung
bezeichnet, bedeutet für mich, dass man sein eigenes
Potenzial als menschliches Wesen ausschöpft,
um zu einer Quelle und einem Empfänger
von Werten zu werden.

Joseph Ki-Zerbo

Ein weiser Mann, der Sprichwörter kennt,
kann Streit schlichten.

Aschanti

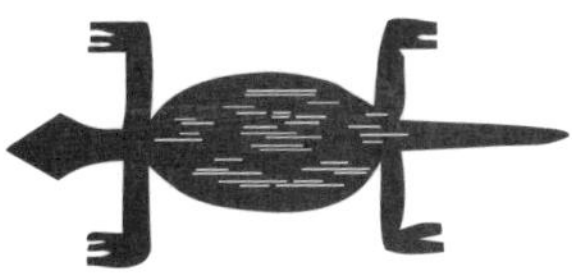

Das Sprichwort ist das Salz der Sprache.

Ibo

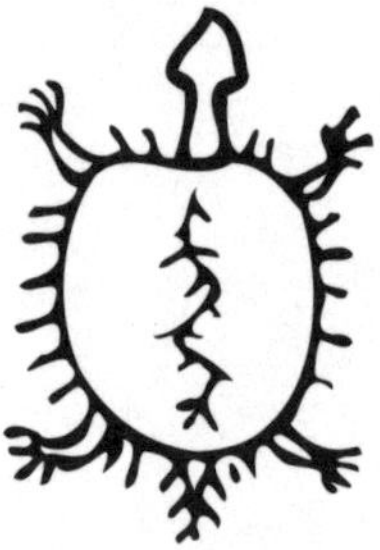

Du musst so handeln, als sei ein Versagen unmöglich.

Aschanti

Wer zu keiner Gemeinschaft gehört, der hat auch niemanden, der ihm zuhört. Er hat keinen Ort, zu dem er gehen kann, und keinen Platz, an den er gehört. Er hat niemanden, der würdigt, was er ist, und der ihm hilft, seine Begabung zum Ausdruck zu bringen. Die Seele eines solchen Menschen wird geschwächt und er wird anfällig für die Zwänge des Konsums und alles andere, was damit einhergeht.

Sobonfu Somé

Behandle deinen Gast zwei Tage lang als Gast;
am dritten Tag gib ihm eine Hacke in die Hand.

Suaheli

Wer zu fragen versteht,
der verirrt sich auch nicht.

Akan

Wer fragt, geht nicht in die Irre –
aber er verrät sein Geheimnis.

Hausa

Schätze deine Größe
nicht nach der Länge deines Schattens ein.

Zaire

Wenn du deiner Schwiegermutter
einen Lendenschurz schenkst,
dann sage nicht, er sei gut,
ihren Hintern zu bedecken.

Guinea

Wenn du wissen willst,
wie die Geschäfte auf dem Markt laufen,
dann musst du dich auf den Markt begeben.

Oromo

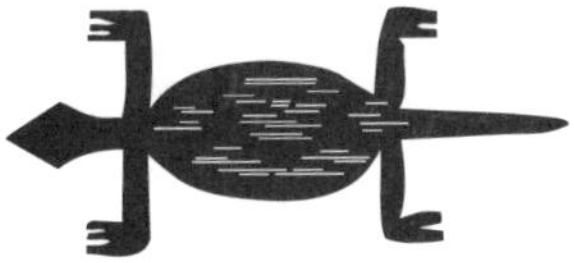

Wichtig ist nicht, wo du bist,
sondern, was du tust, wo du bist.

Suaheli

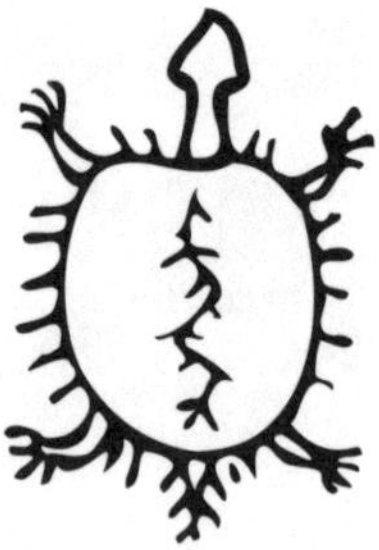

Bewahre einen kühlen Kopf und werde geduldig, denn wenn du alles im Galopp erledigen willst, dann begräbst du die Lebenden und die Hast deiner Zunge bringt dich in Situationen, aus denen dich die Schnelligkeit deiner Beine nicht mehr retten kann.

Kourouma Ahmadou

Wer ständig in den Himmel schaut,
wird nie etwas auf der Erde entdecken.

Ewe

Wende dein Gesicht der Sonne zu,
dann fallen die Schatten hinter dich.

Südafrika

Ein echter Dialog setzt die Anerkennung einer gewissen moralischen Gleichheit aller Beteiligten voraus. In diesem Sinne verlangt ein Dialog das Respektieren des anderen. An diesem Respekt mangelt es sowohl im Kopf als auch im Herzen mancher Diskussionspartner.

Kwasi Wiredu

Eine vor aller Augen geschlagene Wunde
muss auch vor aller Augen genäht werden.

Gikuyu

Ein Boot kommt nicht voran,
wenn jeder auf seine Art rudert.

Suaheli

Allein essen ist wie allein sterben.

Mamprussi

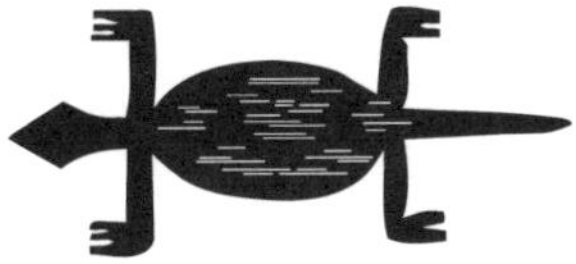

Man kann nicht weiß auf weiß
oder schwarz auf schwarz malen.
Jede Seite braucht die andere,
um sich selbst kundtun zu können.

Manu Di Bango

Wenn Gott kocht, sieht man keinen Rauch.

Kaonde

Das Reisigbündel auf dem Trockenständer
lacht über das Reisigbündel im Feuer.

Gikuyu

Ich bin nicht wirklich frei, wenn ich einen anderen seiner Freiheit beraube. Der Unterdrücker wird ebenso wie der Unterdrückte seiner Menschlichkeit beraubt.

Nelson Mandela

Der Leopard leckt alle seine Flecken –
schwarze wie weiße.

Ndebele

Wenn Schweigen herrscht, können wir beginnen,
mit der Kamera zu schreiben, Orte beschreiben,
etwas anderes, hinter der Sprache Verborgenes zeigen.

Ousmane Sembé

Deine Gedanken sind lediglich die Fußstapfen,
die du verursachst,
wenn du durch die Krisengebiete deiner Seele ziehst.

Ben Okri

Das hungrigste Wesen ist nicht jenes,
das ständig ans Abendessen denkt,
sondern jenes, das sich allzu lange nicht geliebt fühlt.

Malidoma Somé

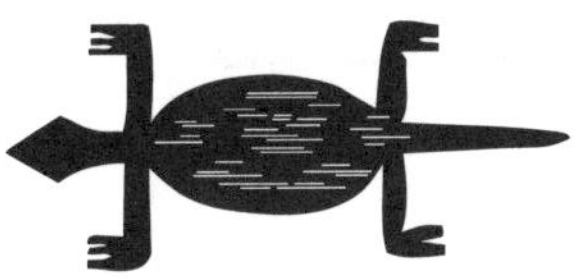

Keiner prüft die Tiefe eines Flusses mit beiden Füßen.

Aschanti

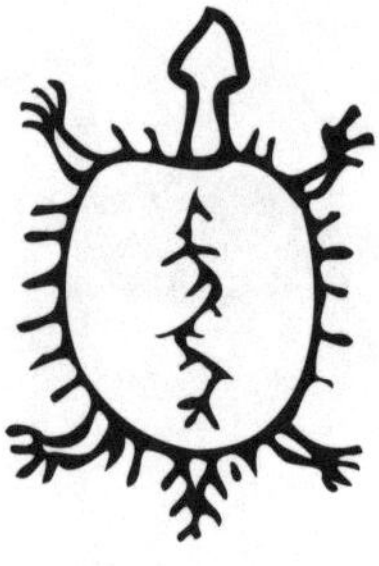

Man macht sich immer dann falsche Vorstellungen
von der Freiheit, wenn man glaubt, sie sei das Resultat
der Beseitigung aller möglichen und denkbaren Fesseln.

Nsame Mbongo

Der Einäugige dankt Gott nur dann,
wenn er einen Blinden sieht.

Nigeria

Wer keinen Mut hat zum Träumen,
der hat auch keine Kraft zum Kämpfen.

Afrikanisches Sprichwort

Gib den Füßen Ruhe,
aber auch dem Herzen.

Nigeria

Ein Tier, das nicht klettern kann,
sollte sein Geld nicht einem Affen anvertrauen.

Afrikanisches Sprichwort

Der Gesang, der Tanz, die Rhythmen sind das letzte Stadium der Schwingungen des Lebens. Dieses Stadium ist die rhythmische Ordnung, die Teil hat an der zyklischen Organisation der Welt. Als Meisterung der Bewegung alles Lebens ruft der Tanz den Regen, die Liebe und die Fruchtbarkeit herbei. Er ist die Vereinigung der Gegensätze und symbolisiert die Schöpfung, die Befriedung, die Bewahrung, die Zerstörung und die Wiedereingliederung.
Er bezaubert sogar die gefährlichsten wilden Tiere und ermöglicht die Herabkunft der Gnade. Er macht es uns möglich, uns von allen materiellen und spirituellen Schranken zu befreien.

Oumar Ba

Wer nicht weiß, wohin er geht,
der sollte wissen, woher er kommt.

Sérère

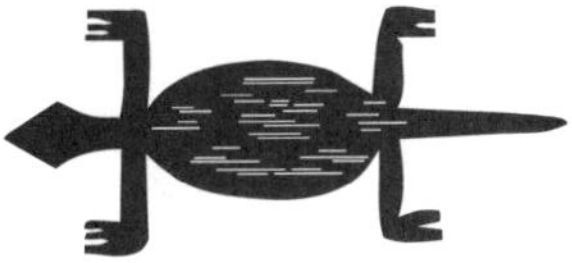

Mit Geduld kocht man sogar einen Stein.

Fulfulde

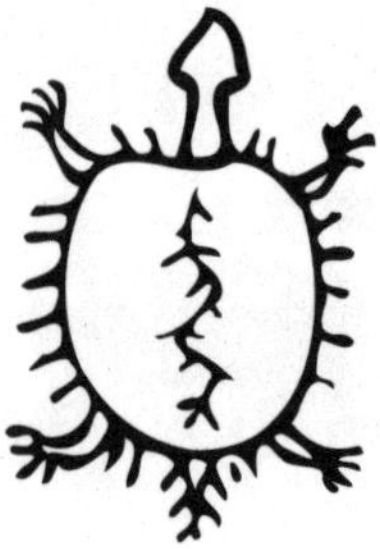

Wenn Gott dir ein Bein bricht,
wird der dich auch lehren zu humpeln.

Dagbani

Werden wir uns dessen bewusst, dass der Boden,
auf dem wir wandeln, nicht bloß Erdreich ist,
dass die Bäume und die Pflanzen nicht nur
Konsumgüter sind,
dann können wir beginnen zu akzeptieren,
dass wir geistige Wesen sind, die im Einklang mit allen
anderen Geistern um uns herum schwingen.
Unsere Verbindung mit all diesen lebenden Geistern
hilft uns dann, die Art und Weise unseres eigenen
innersten Lebens zu bestimmen.

Sobonfu Somé

Wer seine Felder nicht gut bestellt,
sagt immer, sie seien verhext worden.

Kwaya

Alle Stärke beweist sich nur durch die Hindernisse, die sie zu überwinden vermag.

Afrikanisches Sprichwort

Es gibt Glückspilze, die fallen zwar auf die Nase,
aber sie finden auch dabei noch etwas.

Senegal

Bei der Erziehung eines Kindes ist die Unterstützung eines ganzen Dorfes notwendig.

Sobonfu Somé

Jenseits der Hautfarbe,
jenseits aller äußerlichen Unterschiede
und im wahren Herzen des Seins sind wir,
mein Freund, längst nicht so verschieden,
wie wir ähnlich sind.

Maya Angelou

Lieber weißer Bruder,
als ich geboren wurde, war ich schwarz,
als ich aufwuchs, war ich schwarz,
wenn ich in der Sonne stehe, bin ich schwarz,
wenn ich krank bin, bin ich schwarz,
wenn ich sterbe, werde ich schwarz sein.
Du jedoch, weißer Mann,
als du geboren wurdest, warst du rosa,
als du aufgewachsen bist, warst du weiß,
wenn dir kalt ist, bist du blau,
wenn du Angst hast, bist du grün,
wenn du krank bist, bist du gelb,
wenn du stirbst, wirst du grau sein.
Wer also von uns beiden ist der Farbige?

Frage eines Schwarzafrikaners

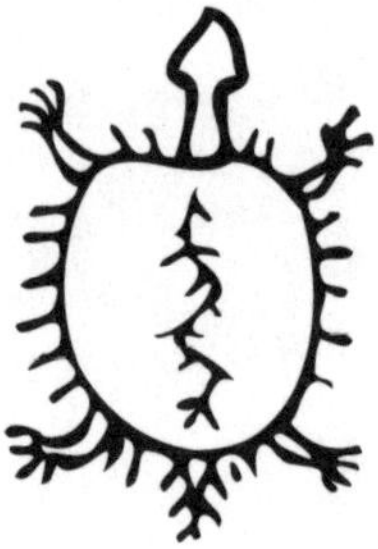